AF358990

CATALOGUE

D'une précieuse Collection de Tableaux des trois Écoles, et par de grands Maîtres; Dessins, Estampes, Bronzes, Marbres, Ivoires, Meubles antiques, etc.,

QUI COMPOSAIENT LE CABINET

De M. Augustin Miron, membre du Conseil-général des Manufactures, et de plusieurs Sociétés savantes, etc., résidant à Orléans,

DONT LA VENTE

Se fera, par suite du Décès de Mme. son Épouse, à Paris, le Lundi 17, Mardi 18, Mercredi 19 Mars prochain et jours suivans s'il y a lieu, en la galerie de feu M. Lebrun, Rue du Gros-Chenet, n°. 4.

L'EXPOSITION PUBLIQUE

Aura lieu le Samedi 15 et le Dimanche 16 dudit mois.

LE CATALOGUE SE DISTRIBUE

CHEZ

MM. CHARIOT, Commissaire-Priseur, rue Montmartre, n°. 68;

HENRY, Peintre et Commissaire-expert du Musée royal, Boulevard Poissonnière, n°. 20;

LANEUVILLE, Peintre et Commissaire-expert du gouvernement pour les objets d'arts, rue St.-Marc, n°. 15.

PARIS, 1823.

AVERTISSEMENT.

La Collection dont nous allons faire la vente n'est point
le résultat de la vanité ou d'une simple curiosité qui admet,
sans examen comme sans choix, toutes sortes de productions de l'art tout autant qu'elles peuvent séduire le vulgaire
en lui donnant une haute idée de l'opulence du propriétaire. M. Miron s'étant, dès sa jeunesse, livré à l'étude du
dessin, y avait puisé en quelque sorte les connaissances propres à diriger son goût vers les objets de cet art, que les
amateurs les plus sévères eussent eux-mêmes admis dans
leurs propres Collections ; mais ce qui ne contribua pas
moins à fortifier sa résolution de n'acquérir que des objets
dignes d'estime, sans cependant sortir des bornes que sa
fortune lui assignait, furent des riches galeries que ses fré-
quens voyages, tant dans la capitale qu'au dehors, le mirent
à même de visiter. Il eut encore l'avantage de pouvoir fré-
quenter avec fruit les belles Collections de Tableaux et
Dessins que l'amour des arts avait depuis long-temps fixés
dans plusieurs familles d'Orléans ; et lorsque cette cité eut
la douleur de perdre successivement ces divers amis des
arts, il put, avec leurs héritiers, traiter des principaux ouvrages sur lesquels ses méditations antérieures l'avaient fixé,
et les faire passer dans sa propre Collection. En signalant
celles que les connaisseurs ont tant estimées, soit de feu
M. Desfriches, soit du président Haudry, dans lesquelles

le propriétaire a choisi particulièrement, c'est d'avance annoncer aux amateurs qu'ils auront des objets dignes de
fixer toute leur attention.

Quelque précieuse que soit la Collection qu'un doulou-
reux événement nous met en ce moment dans le cas d'of-
frir au public, quelque soin qu'ait pris son auteur de ne
point accumuler les productions d'un même maître, afin de
connaître les talens de presqu'autant de peintres distingués
qu'il y a de tableaux, nous n'aurons point à citer, dans
notre Catalogue, les noms célèbres des Raphaël, des Jules
Romain, des Corrége, et autres grands maîtres du siècle
de Léon X ; qui ne sait qu'on ne pourrait en quelque fa-
çon présenter que des copies de leurs ouvrages, puisque
les originaux sont fixés pour jamais dans les galeries des
souverains ? Mais, hors ces chefs-d'œuvres, l'ancienne Ecole
ne nous fournit-elle pas encore des alimens de nature à
satisfaire le goût délicat des amateurs éclairés ? C'est, nous le
pensons, ce qui se rencontrera dans cette Collection, où
nous aurons à présenter aux connaisseurs des morceaux,
pour la plupart capitaux et de la plus belle conservation,
des maîtres ci-après :

Guido Rheni, Sisto Badalochio, Carlo Cignani, Pompéo
Battoni, Maria Crespy, P.-P. Rubens, D. Teniers le fils,
Gaspard Netscher, Albert Kuyp, Karel Dujardin, Jean
Holbein, Rembrant, Van Ostade, Gerbrant, Vanden Pekout,
Bartholomé, Vander Helst, Paul Moorelz, Peters Neefs,
Ant. Vander Neer, J. D. de Heem le père, R. Roogmans,
Vernet, Demarnes, etc., etc.

CATALOGUE

D'une précieuse Collection de Tableaux des trois Écoles et par de grands Maîtres ; Dessins, Estampes, Bronzes, marbres, Ivoires, Meubles antiques, etc.

ÉCOLE ITALIENNE.

BATTONI (Pompéo).

1   La Mort de Marc-Antoine (composition connue par la belle estampe de Will). Ce général romain, blessé à mort, adresse ses dernières paroles à Cléopâtre, qui paraît s'attendrir sur son sort, et laisse couler quelques larmes de ses beaux yeux. La couleur suave et harmonieuse de cette production est poussée au plus haut point de perfection, et le dessin en est très correct, et il est parfaitement conservé. Ce tableau a été gravé par le célèbre Will, et a fait partie de la collection Jaubert : ce fut son père qui le commanda à Battoni. T., H. 36 p. L. 27 p.

BADALOCHIO (Sisto).

2   Ce peintre, condisciple du Guide, du Dominicain, etc., dont l'aimable talent n'est pas aussi connu qu'il devrait l'être, parce que ses ouvrages souvent ont été attribués au Dominicain, a choisi un site délicieux et romantique pour y placer une allusion remplie de sel et de finesse.

    Badalochio, dans cette composition de dix figures

de femmes, nous dit que dès qu'une jeune fille se sent palpiter d'amour, elle dresse des filets aux amans ; chez elle la soigneuse pudeur commande encore à la décence, et le voile qu'elle étend sur ses charmes est un des plus sûrs garans de leur pouvoir : c'est à qui en obtiendra la conquête, et chacun se jette dans ses fers. Mais sitôt qu'elle a goûté la coupe de la volupté, sitôt que l'heureux moment des désirs naissans a fait place au goût des plaisirs, alors elle laisse tomber la robe qui enveloppait ses secrets trésors, et passant d'une timide retenue à une impudicité hardie, elle tâche, par sa lascive nudité, de provoquer à de nouvelles jouissances l'inconstant amant qui la suit. On voit quelquefois deux personnes se disputer ouvertement l'unique objet de leurs communs soupirs ; c'est ce que nous voyons dans les deux nymphes, dont l'une cherche à ravir l'oiseau qui les charme également. On apprend, par le repos de celles qui occupent le premier plan à la droite du tableau, que le calme des passions nous permet de goûter les vrais fruits de la vie. Il est rare de rencontrer, dans les tableaux de l'école d'Italie, des sujets aussi agréables : celui-ci peut être comparé aux plus belles productions du Dominiquain par la grâce et la correction du dessin et son coloris éclatant. Ce petit tableau est enchanteur. н. 10 p., L. 14 p.

CARRACHE. (A.)

3   Un Tableau en forme de frise, représentant le Triomphe de Bacchus encore jeune ; il est précédé et accompagné d'un grand nombre d'enfans portant ses attributs. Le mouvement et les belles attitudes de

ces enfans joints à un dessin grandiose, prouvent que ce joli morceau sort de la grande école. T., H. 6 p., L. 19 p.

CAGLIARI dit VÉRONÈSE (Paul.)

4   L'Adoration des Bergers, composition capitale. Ce tableau paraît être la première pensée d'un tableau plus grand que cet artiste a fait pour l'ornement d'une église de Venise. T., H. 16 p., L. 25 p.

CIGNANI (Carlo).

5   Un Tableau d'une composition extraordinaire, représentant un africain poignardant sa maîtresse; cette scène émeut l'âme du spectateur, et lui imprime en même temps de l'effroi et de l'attendrissement : la couleur cuivrée de l'Africain contraste parfaitement avec la blancheur de la jeune Européenne, dont la tête est remplie d'expression.

Ce tableau, qui est parfaitement conservé, fera toujours l'ornement d'une collection choisie. (Il provient de la collection du président Haudry.) T., H. 24 p., L. 18 p.

CIRANI (Elisabeth).

6   Lucrèce, ne voulant pas survivre à l'outrage qu'elle a éprouvé de la part d'un des fils de Tarquin, se dispose a se donner la mort; sa tête, à demi-renversée, où se peint le désespoir, semble implorer des dieux la force nécessaire pour consommer ce sacrifice, et son beau corps se ressent déjà de l'impression qu'elle éprouve.

Ce tableau se rapproche entièrement du beau pinceau du Guide, et mérite d'être comparé aux plus belles productions de ce célèbre peintre. т., н. 28 p., l. 24 p.

CRESPI (Maria).

7 Les sept Sacremens. Les mêmes sujets, traités par le Poussin , seraient sans doute plus recherchés par les amateurs exclusifs du style sévère ; mais ces mêmes chefs-d'œuvre sont privés de cette force de couleur, de cette entente parfaite du clair-obscur qui distinguent éminemment les productions de Maria Crespi. Le cardinal Ottoboni , l'un des admirateurs de cet artiste, les lui commanda pour être traités comme les Sacremens sont habituellement administrés au peuple , la simplicité autant que la sublimité des principaux actes de notre religion devant être communes à toutes les classes de la société. L'intérieur sombre des églises d'Italie y est rendu d'une manière étonnante, et donne une couleur mystérieuse à ces productions, qui convient au recueillement qu'exige la présence mystique du Dieu qu'on y vient adorer : telles sont les qualités qui distinguent les tableaux que nous allons décrire , et dont Dargenville a fait un éloge pompeux dans sa *Vie des Peintres d'Italie.*

1°. *Le Baptême.*

Cet acte religieux est éclairé au flambeau : le parrain tient l'enfant demi-nu sur les fonts baptismaux; la marraine répond aux interpellations que lui fait le prêtre en versant l'eau lustrale sur la tête du nouveau-né ; on y remarque aussi différens personnages assistant à cette cérémonie. т., н. 48 p., l. 34 p.

2°. *La Pénitence.*

Un Confessionnal placé dans une chapelle est éclairé par un rayon de soleil, et fait entrevoir un Religieux donnant l'absolution à une dame qu'il vient de confesser : au bas du parloir on voit un pénitent à genoux et en prière, qui attend son tour pour passer au même tribunal. Rien n'est plus simple que cette composition ; mais aussi rien n'est plus propre à donner une idée juste des œuvres de notre sainte religion.

C'est à l'aspect de cette touchante composition que, selon Dargenville, le cardinal Ottoboni commanda à Maria Crespi la suite des sept Sacremens.

3°. *La Confirmation.*

Plusieurs enfans disposés à recevoir ce sacrement, sont au pied des autels ; parmi eux se distingue un jeune homme de qualité à qui l'évêque, revêtu de ses habits pontificaux et accompagné de son clergé, administre le sacrement de confirmation, et se dispose ensuite à le conférer aux autres postulans.

4°. *L'Eucharistie.*

Un Ecclésiastique, revêtu de ses habits sacerdotaux, et accompagné de jeunes clercs, tenant le Saint-Ciboire d'une main, administre de l'autre la communion à un vieillard, qui la reçoit avec dévotion. Un groupe d'autres personnages, parmi lesquels est une vieille femme , attendent avec recueillement le moment où ils pourront recevoir le divin Sauveur.

5°. *L'Extréme-Onction.*

Dans un sombre local éclairé par des flambeaux, un religieux étendu sur son lit, ayant les mains jointes sur sa poitrine, attend avec sanctification le saint chrême qui va servir à l'onction , et qui lui est administré par un autre religieux, pendant que ses dignes confrères le consolent et prient pour son salut.

6°. *L'Ordre.*

L'artiste a peint ce sujet à l'effet du jour, et n'y a pas mis cette teinte mystérieuse qui distingue ses ouvrages en général. Dans une chapelle très éclairée, un évêque en habits pontificaux, tenant dans ses mains un calice, confère l'ordre de la prêtrise à un jeune ecclésiastique revêtu de la chasuble, qui est agenouillé devant lui. Sur un plan plus éloigné, on voit d'autres jeunes clercs qui se disposent à recevoir les simples ordres.

7°. *Le Mariage.*

Un Vieillard et une jeune femme sont au pied des autels, dans le moment où le prêtre élève le bras pour leur donner la bénédiction nuptiale. Deux acolytes sont derrière le prêtre; et l'un d'eux , en mettant le doigt sur la bouche, semble inviter des personnages placés près des mariés , et qui paraissent disposés à s'égayer sur leur disproportion d'âge, de s'abstenir de tout ce qui pourrait blesser le respect dû autant à la majesté du lieu, qu'à l'acte religieux en lui-même.

Ces tableaux, après avoir fait l'ornement de la galerie Ottoboni, ont été achetés après son décès pour la France. Louis XV en fit présent à Mlle. Sauveur, qui les plaça dans la chapelle de son château de Chenailles, près d'Orléans, et ensuite ils devinrent la propriété de M. Desfriches. Il est rare de rencontrer dans la curiosité de pareils chefs-d'œuvre et des morceaux aussi intéressans ; ils sont propres à orner une des chapelles royales : ils sont de la même grandeur et bien conservés. T., H. 48 p., L. 34 p.

CRESPI MARIA.

8   Jésus-Christ, accompagné de ses disciples, présente à Saint Pierre les clefs du Paradis ; la figure du Sauveur est distincte des autres par la noblesse et la dignité. Ce petit Tableau donne une haute idée du talent de Maria Crespi, par le charme de la couleur et l'entente du clair-obscur ; il a fait partie du cabinet du président Haudry, qui l'a payé, à la vente de M. Poullain, 400 fr.

CRIVELLI.

9   Un gros Chien Caniche entrant dans une basse-cour, se jette sur un chapon qu'un petit chien épagneul cherche à défendre. Ce Tableau est peint avec beaucoup de hardiesse, et d'un coloris vigoureux. T., L. 35 p., H. 28 p.

GÉMINIANI.

10   La Conversion de Saint Paul, composition capi-

tale, où l'on voit sur le devant du tableau Saint Paul renversé de son cheval, et restant en extase en voyant apparaître le Père Éternel entouré de la gloire céleste. Ce sujet intéressant est d'un style grandiose, et d'un coloris vigoureux et transparent. T., H. 18 p., L. 24 p.

LANFRANC (Le chevalier de). .

11   Saint Pierre vu à mi-corps ; il est dans l'attitude du repentir ; sa figure est remplie d'expression et peinte avec feu et avec énergie. Ce Tableau mérite de servir de modèle aux jeunes artistes. Il provient de la collection du président Haudry. T., H. 27 p., L. 22 p.

GUIDO RENI.

12   Jésus-Christ sur la Croix et couronné d'Épines, est près d'expirer ; déjà le crêpe étendu sur la terre annonce le deuil de la nature. Ce sujet tout simple qu'il paraît, est au-dessus des forces des artistes ordinaires ; il faut être bien pénétré de son sujet pour remplir une tâche aussi difficile. Soit qu'il s'agisse d'un dieu, soit qu'il s'agisse d'un homme, le sentiment a besoin de s'échauffer, et l'imagination de s'exalter si l'on veut retracer le moindre des faits de sa vie ou les instans de sa mort. Peut-on mieux exprimer les souffrances endurées avec patience et résignation sur les traits livides du Sauveur ?

Le Guide, habile en tous les genres de peinture, les traita tous comme si chacun d'eux eût été le seul objet de son étude.

Ce morceau paraît être l'étude d'une plus grande

composition. Le Christ est vu à mi-corps. Il a été acheté par le cardinal de La Rochefoucault, en Italie, 3,000 fr. T., H. 23 p., L. 18 p.

ROMANELLI.

13   Moïse sauvé des Eaux, composition de sept figures, où l'on voit la fille de Pharaon, accompagnée de ses suivantes, qui lui présente le jeune Moïse. La figure de la princesse a beaucoup de noblesse, et exprime tout l'intérêt que lui inspire le petit enfant. Le Nil serpente jusque dans l'éloignement. Ce Tableau est propre à orner un salon. T., H. 31 p., L. 41 p.

SOLIMÈNE.

14   Le Mariage de la Vierge, composition de beaucoup de figures. Ce petit Tableau est la première pensée d'un tableau plus grand; il est vigoureux de couleur et très transparent. T. H. 10 p., L. 7 p.

TREVISANI.

15   Le sujet de la Conversion de Saint Paul, esquisse faite avec toute la fougue et l'énergie d'un artiste qui est pénétré de son sujet ; composition de beaucoup de figures. T., H. 21 p., L. 17 p.

VOLTERANNO, DIT FRANCESCHINI.

16   A l'approche d'une Tempête, Vénus, voyageant sur la mer, paraît vouloir se réfugier sur la terre. L'Amour, monté sur un rocher, apercevant sa mère, déploie une ligne, et la prend malicieusement à l'hameçon pour l'attirer vers lui. Ce sujet gracieux est d'un pinceau suave et moelleux; les contours sont

d'un dessin correct, et la figure de l'Amour est pleine de malice.

ARELLANO, Peintre Espagnol.

17   Un Vase contenant des Fleurs de plusieurs espèces; morceau plein de vérité, et touché avec fermeté. T., H. 22 p., L. 22 p.

ALBANE (École d').

18   Portrait de Stephano Ponola, savant distingué du 17e. siècle. Cette tête a beaucoup d'expression, et le coloris en est clair. T., H. 20 p., L. 15 p.

19   La Vierge donnant à téter à l'Enfant-Jésus ; elle est vêtue d'une tunique rouge, et a sur la tête un voile bleu rehaussé d'or. Ce Tableau, d'un dessin correct et d'un pinceau suave, paraît être une production des peintres d'Italie du 15e. siècle. Le monogramme porte d'un côté M. P., et de l'autre O. V. T., H. 12 p., L. 8 p.

ECOLE HOLLANDAISE ET FLAMANDE.

ALST (Van).

20   Une Corbeille pleine de fruits divers, posée sur une table où sont des oiseaux morts : morceau plein de vérité. B., H. 22 p., L. 14 p.

BINT (Vander.)

21   Plusieurs vaches groupées avec des moutons, se

reposent à l'abri d'une masse de rochers surmontés d'arbrisseaux. On apercoit dans le lointain des paysans à cheval. Ce tableau est touché dans le style de Berghem, dont ce peintre était l'élève. B. , H. 15 p., L. 20 p.

BREUGHEL DE VELOURS.

22   Ce petit Tableau provenant de la galerie Choiseul et gravé dans son cabinet, connu sous le nom du Temple de la Sybille, est une de ses plus jolies productions, et faisait les délices de feu M. le président Haudry. Cuivre, 5 p. de diamètre.

BEGA (CORNEILLE.)

23   Un Intérieur de maison rustique où sont rassemblés plusieurs villageois, dont les uns jouent aux cartes, et les autres boivent et fument. Ce tableau, d'un ton vigoureux, est du meilleur temps de ce maître. Il est enrichi de plusieurs accessoires touchés avec précision. T., H. 15 p., L. 12 p.

BEGUIN.

24   Un Paysage d'un site agreste, où l'on remarque des pâtres gardant leurs troupeaux à l'ombre de grands arbres situés sur un terrain montueux; de l'autre côté, à gauche, sont des fabriques au bord d'une rivière, adossées à des collines qui se perdent dans la vapeur, et se détachent sur un ciel clair et léger. Les figures et les animaux sont touchés comme Berghem, ce qui a fait dire à plusieurs amateurs qu'ils

croyaient ce tableau de la jeunesse de ce grand peintre.
т., н. 29 p., l. 24 p.

BERKEYDEN.

25   Vue de la place et de l'Église de Harlem. L'église
se présente sur la place de manière à en voir la fa-
çade, ainsi que l'un des côtés, où sont plusieurs bou-
tiques. A droite est une rue dont les maisons se perdent jusque dans l'éloignement. Sur le premier plan
on remarque un grand nombre de personnages, et
une voiture à quatre chevaux. Ce tableau admirable,
dont la perspective est très bien observée, mérite
d'être comparé aux plus beaux de Vander Heyden, par
son fini précieux, sa couleur vraie, et la distribution
de la lumière. в., н. 14 p., l. 20 p.

BAKCHUYSEN (Ludolph).

(Extrait du catalogue du n°. 106 de Grandpré, n°. 105.)

26   Ce tableau, du plus riche détail, offre la vue du
port de Batavia et des principaux édifices de la ville.
La mer, dans une légère agitation, est chargée d'une
quantité de navires et de plusieurs barques, variées
dans leur forme et dans le mouvement le plus vrai.
Le rivage est couvert de personnages de diverses na-
tions, mêlés parmi les matelots; à la gauche, et dans
une voiture attelée de deux bœufs, est un personnage
de distinction qui rend les salutations de plusieurs
habitans de l'île. Dans le milieu, un Tartare à cheval
se fait remarquer; il est suivi de plusieurs valets.

    Ce riche et précieux morceau, du plus grand dé-

tail, offre dans toutes ses parties le grand art et la
belle manière de son auteur. T., H. 36 p., L. 54 p.

BRILL (Paul).

27 La vue d'un site sauvage, offrant sur le devant du
tableau une chaumière adossée à un rocher surmonté
de grands arbres. Des coteaux cultivés et couverts d'arbrisseaux forment le second plan. Ce joli tableau,
d'une teinte fraîche, est orné de figures par Raigues-
Morte. T. , H. 8 p., L. 10 p.

BÉCHEY (Jean).

28 Dans un souterrain, au fond d'un endroit solitaire,
on remarque un saint Hermite à genoux, ayant une
croix à la main, et méditant sur un livre de l'écriture
sainte ; auprès de lui est un sablier, un tonneau et divers légumes. A travers un percé, on aperçoit un pays
cultivé. La tête de l'hermite est du plus grand caractère, et les accessoires sont du plus précieux fini.
B, H. 10 p., L. 12 p.

PAR LE MÊME.

-29 Dans l'intérieur d'un souterrain, deux Hermites se
sont retirés ; l'un est en prière et l'autre médite sur un
livre de l'écriture sainte et sur les vanités de ce
monde ; des légumes divers, tels que choux, carottes,
navets, ognons et autres, indiquent la frugalité de
leurs alimens. On découvre, à travers un percé, un
pays riche et cultivé. Les figures des hermites ont un
grand caractère, et tous les détails de ce tableau sont

d'un fini précieux, digne de Gerardow. **B.**, **H.** 10 p., **L.** 12 p.

BÉCHEY. (B.)

30   Ce tableau représente les amours de Neptune et d'Amphitrite ; cette nymphe est assise à l'ombre d'un rocher, où elle reçoit les hommages du dieu Neptune ; près d'elle sont des enfans qui luttent ensemble ; à droite du tableau, le char de Neptune, attelé de chevaux marins, conduits par des Amours, attendent les ordres de leur maître. Le devant du terrain est parsemé de coquillages. Ce tableau gracieux, et d'un pinceau suave, ferait l'ornement d'un salon. **T.**, **H.** 25 p. **L.** 34 p.

BERGHEM (Attribué à).

31   Un Paysage d'un site agreste, de la plus grande étendue, offrant dans la partie droite une grande masse de rochers surmontés de grands arbres et de buissons, traversée par un chemin où passent des voyageurs et des villageois avec leurs troupeaux ; on découvre à gauche des coteaux et des prairies éclairés par un ciel clair et légèrement nuagé. Ce tableau, qui paraît avoir été fait dans la jeunesse de Berghem, auquel il est attribué, est peint avec beaucoup d'énergie, et les figures sont de la touche la plus hardie. **T.**, **H.** 25 p., **L.** 32 p.

CRASSEBECH.

32   Plusieurs gens du peuple, rassemblés dans un estaminet, sont assis à une table, et se livrent à toute

leur gaîté naturelle; l'un tient un vase d'étain, et l'autre un verre plein; ils sont adossés à une cloison de planches où sont marqués avec de la craie tous les pots de bierre qu'ils ont vidés. Ce sujet grotesque est rendu avec beaucoup de verve; les figures expriment cette gaîté franche qu'il est rare de rencontrer parmi les gens du monde, et la couleur est digne d'Ostade. B., H. 10 p., L. 13 p.

COQUES (Gonzalès.)

33   Le Portrait d'un jeune Seigneur hollandais, vêtu du costume le plus riche; il tient son chapeau d'une main, et l'autre est posée dans sa ceinture. Ce Tableau est précieux par sa touche et par son fini. C., H. 9 p., L. 6 p.

CUYP (Albert).

34   Ce Tableau représente une poule jaune et un coq noir moucheté, se reposant dans l'intérieur d'un cellier. Un vase de terre renversé, des écailles de moules et une petite souris, forment richesse dans ce morceau, dont la composition est simple en lui-même, mais dont la vérité du coloris est extraordinaire, le pinceau ferme et l'harmonie parfaite; il mérite d'être distingué parmi les productions de cet habile peintre. Il provient de la collection de feu M. Desfriches. B. H. 22 p., L. 27 p.

DECKER.

35   Dans un Paysage agreste, on voit une ancienne église dont le toit est en partie couvert de planches

et concourent avec ses murs dégradés à lui donner un aspect romantique ; le ciel obscurci par de sombres nuages, semble annoncer un orage que plusieurs personnages qui sont sur divers plans, paraissent vouloir éviter. Cet ouvrage où la lumière est distribuée avec le plus grand art et de la plus parfaite harmonie, est un des plus extraordinaires de cet habile peintre. Il provient d'une collection renommée. B., H. 31 p., L. 39 p.

DELEN (VAN).

36   Le Point de vue d'un palais d'une riche architecture moderne, où se trouve réunie une société de personnages de distinction ; à droite, sur le premier plan, ou remarque une jeune et jolie femme conversant avec un cavalier appuyé sur une balustrade ; et sur un plan plus éloigné, ou distingue sous un portique d'autres personnages assis autour d'une table à prendre le thé.

Descamps, en faisant le plus grand éloge des ouvrages de Van Delen, a eu raison de regretter qu'il soit peu connu en France ; et si l'on en eût offert à la vue du public d'aussi parfaits que cette production, ou se serait empressé de leur donner une place honorable dans les meilleurs cabinets. Ce morceau supérieur provient de la belle collection du président Haudry. B., H. 11 p., L. 12 p.

ECKOUT (GERBRAND VAN).

37   Un sujet du Nouveau-Testament, connu sous l'épithète du *Denier de César*. L'action se passe dans un

temple où Jésus-Christ, accompagné de plusieurs de ses disciples, est abordé par des docteurs qui lui présentent une pièce de monnaie. La belle magie de couleur, la dégradation de lumière qui règnent dans ce Tableau, le rendent digne de son maître (Reimbrand) dont il porte la signature. B. H. 14 p., L. 11 p.

Par le même.

38   Le Portrait d'un Hollandais de distinction, vêtu d'un juste-au-corps et d'un manteau de soie noire, ayant une fraise au col et la tête couverte d'un chapeau rond; il a une main posée sur un appui de fenêtre, et l'autre couverte d'un gant. On retrouve non-seulement dans ce beau portrait le coloris de Reimbrand, mais encore un dessin correct, un fini précieux, et une vérité qui le met au-dessus des productions ordinaires de son maître. Il provient de la collection du président Haudry. B., H. 20 p., L. 24 p.

GÉRARD (Della Notte).

39   Un Jeune garçon tenant à la main une bougie allumée, dont il cache une partie avec l'autre main; ce qui produit l'effet le plus piquant. Le coloris de ce Tableau est vigoureux et transparent, et touché avec la plus grande franchise. T., H. 17 p., L. 14 p.

GOYEN (Van).

40   La Vue d'un canal bordé de chaumières, entouré d'arbres qui se détachent sur un ciel légèrement nuagé; des pêcheurs, les uns à terre et les autres dans une

barque, ornent ce Tableau , touché avec franchise et
du meilleur temps de ce maître. B. H. 16 p. , L. 22 p.

GRIFF.

40 *bis.*   Deux tableaux, dont l'un représente le passage à
gué par plusieurs animaux, vaches , moutons et chèvres , d'une petite rivière , près d'une arcade surmon-
tée d'arbrisseaux ; des fabriques et des prairies sont
dans le lointain ; il est orné de figures.

Dans l'autre, auprès d'un tombeau entouré d'arbres,
on remarque un pâtre faisant paître un troupeau
d'animaux.

Ces deux tableaux sont d'un coloris chaud et har-
monieux ; les animaux et les arbres touchés avec la
plus grande finesse ; ils proviennent de la collection
Desfriches. B. , H. 7 p., L. 10 p.

HOLBEIN (JEAN).

41   La Vierge presse dans ses bras l'Enfant-Jésus, qui
la caresse avec ses petites mains et l'embrasse en
même temps ; elle lui montre un petit bouquet de ce-
rises. L'intérieur de l'appartement est éclairé par une
croisée , au-devant de laquelle est un rideau de taffe-
tas vert. La figure de la Vierge a ce beau idéal qui ca-
ractérise la divinité et la candeur. Il est inutile de faire
l'éloge de la vérité du coloris ; on sait que ce grand
peintre n'a pas été surpassé dans cette partie de la
peinture. B., H. 22 p. , L. 27 p.

HEEM (JEAN-DAVID DE).

42   Sur une Table couverte d'une draperie verte des
fruits de toutes espèces , tels que raisin , citrons , pê-

ches , poires , abricots , noix et autres , sont grou-
pés avec un homar d'une grande espèce posé dans un
grand plat d'argent. Tous ces objets sont artistement
arrangés et rendus avec tant de vérité qu'ils font illusion et donnerait envie d'en manger. Ce Tableau
mérite d'être placé dans les plus belles collections.
B. H. 25 p. , L. 36 p.

HELST (Vander).

43   Si les Portraits de Van Dich sont recherchés des
amateurs , ceux de Vander Helst ont souvent égalé
et même surpassé ceux de ce célèbre peintre ; celui-ci,
qui représente un Magistrat hollandais , est vêtu d'une
simarre de soie noire et d'un manteau de même étoffe ;
il porte une fraise au col, et le coloris de la chair en
est admirable. On attribue beaucoup de portraits à ce
grand peintre de la nature ; mais nous n'en avons pas
encore vu qui égale ce beau Tableau du cabinet de
M. Desfriches. B , H. 24 p. , L. 20 p.

HOOGE (Pierre de).

44   Ce Tableau représente l'intérieur d'un appartement
hollandais , dans lequel sont plusieurs personnages ,
parmi lesquels on remarque la maîtresse de la maison
auprès de son fils , qui s'amuse à faire rouler un cer-
ceau ; plus loin, on voit un jeune Hollandais, vêtu
élégamment , qui traverse une galerie pour aller dans
un pavillon qui est au fond d'une cour. Ce Tableau,
où frappent les rayons du soleil , produit l'effet le plus
vrai et le plus piquant. B., H. 10 p. , L. 12 p.

JARDIN (Karel du).

45   Dans une Cour de ferme d'où l'on aperçoit la campagne, on voit deux mulets, dont l'un est couché et l'autre debout , pendant que leur conducteur est à boire dans une sébile de l'eau provenant d'une fontaine. Cette composition simple se ressent, dans son exécution, de l'entente parfaite que Karel Dujardin mettait dans ses ouvrages pour rendre la simplicité de la nature. B. H. 12 p., L. 14 p.

Par le même.

46   Le Point de vue d'un beau site d'Italie , présentant dans le milieu du tableau une grande rivière qui le traverse , au bord de laquelle sont des pâtres qui se reposent ; sur des plans plus éloignés, on distingue de belles fabriques ombragées par de grands arbres qui se détachent sur des collines éclairées par un ciel clair et argentin. Ce Tableau est une des productions de cet habile peintre , lorsqu'il voyageait en Italie ; on y retrouve tout le gras de son pinceau et la légèreté de sa touche. T. H. 15 p. , L. 20 p.

KULLEMBOURG.

47   Dans un endroit mystérieux , à l'abri des vestiges d'anciens monumens, Diane en se baignant avec ses Nymphes, découvre la grossesse de Calisto , qui , toute honteuse , cherche à se cacher. Ce sujet gracieux est d'une grande force de coloris , et les figures sont dessinées correctement ; son précieux fini et la suavité

de son pinceau le mettent au rang des plus beaux Tableaux de C. Polemburg. B. , H. 16 p. , L. 21 p.

KYÉRINGS.

48 Un Paysage indiquant l'intérieur d'une forêt, où l'on aperçoit à travers un percé des chasseurs poursuivant un cerf. Il est impossible de peindre avec plus de légèreté le feuillage des arbres , et de mieux rendre le clair-obscur. Les figures et les animaux sont du bon Franch. B. , H. 24 p., L. 32 p.

MEULEN (Vander).

49 Ce Tableau représente une très grande Bataille entre les Impériaux et les Ottomans. En avant de la ville de Neuhausel, en Hongrie : hommes et chevaux , tout s'y bat avec acharnement ; on aperçoit dans le lointain beaucoup de troupes autour de la ville qui se préparent à en faire le siége.

Par le même.

49 *bis*. Dans cet autre Tableau , faisant le pendant du précédent, les Troupes se sont rapprochées de la ville et en font le siége en règle. Sur le premier plan , on remarque un général (le prince Charles de Lorraine) donnant des ordres à ses aides-de-camp. Ces deux Tableaux sont intéressans par leur sujet et par l'énergie avec laquelle ils sont touchés ; il règne dans le lointain une grande vapeur aérienne. T., H. 31 p., L. 41 p.

MOORE (Carles de)

50 Le petit Jardinier et l'Espiègle. Avant l'aube du

jour, un jeune villageois, portant des légumes et du raisin au marché pour les vendre, est accosté par un autre petit garçon qui cherche à lui dérober quelques grappes de raisin. La niaiserie de l'un et la malice de l'autre sont bien exprimées dans leurs figures. Ce Tableau agréable est d'un pinceau suave et moelleux, et les accessoires sont rendus avec beaucoup de finesse, et paraît au premier aspect être une production de G. Miéris. T., H. 12 p., L. 9 p.

MILLÉ (Francisque).

51   Sur le Penchant de hautes Montagnes, on voit la ville d'Athènes et ses beaux monumens placés comme en amphithéâtre, au milieu desquels est un chemin qui conduit au temple de Diane, où les filles de Cécrops, roi d'Athènes (Aglaure , Penthée et Hersée), vont porter leurs offrandes. Le peintre a choisi le moment où Mercure , chargé d'un message, aperçoit la belle Hersée , et en devient épris.

    Ce Tableau a toujours été considéré comme l'une des plus belles compositions de F. Millé ; sa belle exécution, le style grandiose de ses figures et de ses fabriques, joint à l'éclat du coloris, rendent ce tableau digne d'être comparé aux plus belles productions du Poussin ; il est gravé à l'eau-forte. B., H. 13 p., L. 18 p.

MORELS (Paul).

52   Le Portrait d'une jeune Dame de qualité hollandaise portant un vêtement d'une étoffe brodée, or et argent, couvert d'une tunique d'une étoffe noire moirée

et d'une large collerette; elle a un collier de perles qui tombe sur sa poitrine, sa coiffure est simple. Ce portrait, dont la grâce et la vérité sont poussées au plus haut point de perfection, devrait être placé dans un musée pour servir de modèle aux jeunes artistes pour se perfectionner dans la belle manière de peindre le beau sexe. (De la Collection de M. Desfriches.) B., H. 21 p., L. 25 p.

(ARTH. NEER VANDER.)

53   Le Point de Vue d'un Canal de la Hollande bordé d'habitations entourées de grands arbres, laissant entrevoir un clocher d'une architecture ancienne, éclairé par la lune qui se reflète dans l'eau, et dont une partie est cachée par des nuages qui obscurcissent une partie du ciel. Le premier plan est traversé par une partie du canal où l'on voit un pêcheur conduisant une barque; et dans la partie droite, on découvre des paysans autour d'un grand feu qui donne à ce tableau extraordinaire l'effet le plus piquant; il est impossible de rendre la nature avec plus de vérité, et de mettre plus de magie dans tout son ensemble. (Du Cabinet de M. Desfriches.) T., H. 9 p., L. 12 p.

PAR LE MÊME.

54   Incendie par un effet de nuit. On retrouve encore le beau talent de Vander Neer dans ce petit échantillon qui vient également du cabinet de M. Desfriches. B., forme ronde, diamètre 4 p. 1⁄2.

NEEFS (Peters).

55   L'Intérieur d'une vaste Prison, éclairée par deux lampes qui répandent leurs lumières dans toute son étendue, et produisent un effet magique et mystérieux qui convient au caractère de ce monument. L'effet de la perspective y est admirable et bien observé. Il est enrichi de figures par T. Vanthulden (digne élève de Rubens), dont le sujet est la Condamnation de Sénèque. La figure est remplie d'expression. Ce Tableau a toujours été reconnu par les amateurs et les artistes comme le chef-d'œuvre de ce maître, par son précieux fini et son harmonie parfaite. Il provient du cabinet Desfriches. b., h. 15 p., l. 23 p.

NETSCHER (Gaspard.)

56   Zorobabel présente à Cyrus le plan de Jérusalem. Ce Tableau est le plus capital de ce maître, et c'est la première fois qu'il est livré aux regards du public. C'est dans cette grande composition que le talent et le génie de Netscher se sont développés ; il a su y distinguer le caractère de chaque personnage, mettre dans chaque figure cette différence d'intérêt, et une variété d'expression qui ne peut être que le résultat d'un talent extraordinaire ; aussi ce morceau a-t-il toujours été regardé comme le chef-d'œuvre de cet habile peintre, auquel on ne fait d'autres reproches que de n'avoir pas assez consacré son talent à l'histoire. Cet artiste a fait présent de ce beau morceau, qui n'a jamais paru dans le commerce, à une famille juive de Bordeaux, en reconnaissance de l'hospitalité qu'il

en avait reçue ; il s'y est peint lui-même. Il a été acheté, il y a près de soixante ans, par M. Desfriches, qui l'a payé 18,000 fr. ; et le propriétaire actuel n'a pu l'avoir qu'après le décès de cet amateur, qui n'avait jamais voulu s'en défaire, quelque prix qu'on lui en offrît. Ce Tableau est de la plus grande pureté et de la plus grande conservation, et ferait l'ornement de la galerie d'un souverain. T., H. 34 p., L. 32 p.

NETSCHER (Constantin).

57   Le Portrait de Desbarreaux. Sa figure exprime tout le feu dont il était inspiré lorsqu'il fit son fameux sonnet. Ce portrait intéressant doit être recherché par les amateurs de la poésie et de la peinture ; il est très ressemblant, d'un coloris vrai et fini précieusement. (De la collection de feu M. Desfriches.) T., H. 6 p., L. 5 p.

OSTADE (Ad. Van).

58   Un petit Tableau, qui paraît former une répétition avec celui de la vente de St.-Victor, sans prétendre ici discuter auquel des deux appartient la supériorité. Il représente un Personnage hollandais en pied, mettant ses lunettes sur son nez pour lire une affiche posée sur le mur d'une maison garnie de vignes. Un plat sur un banc, un tonneau, une poule, quelques figures, et plusieurs autres détails enrichissent ce petit échantillon plein de finesse et de vérité. B. H. 5 p., L. 4 p.

OSTADE (Isaac Van).

59   Le Joueur de vielle. Sur le devant d'une maison

rustique, un joueur de vielle , suivi de plusieurs enfans , chante et fait des grimaces en s'accompagnant de son aigre instrument , pour faire rire les spectateurs.

Ce morceau est peint avec la finesse de touche , la vérité d'expression et la richesse de couleur qui ont constamment distingué les ouvrages de cet habile peintre; il faisait partie de la collection de feu M. Desfriches. L., H. 12 p., L. 9 p.

OTTO VENIUS.

60   Magdeleine, réfugiée dans un souterrain , se livre à tout le repentir de ses fautes; elle tient un crucifix d'une main , et pose l'autre sur un livre de l'Écriture Sainte. Sa figure est pleine de noblesse ; ses beaux cheveux sont épars; et malgré son austère pénitence, elle conserve encore une partie de ses charmes. Ce joli Tableau du maître de Rubens , ferait honneur à l'école italienne. B., H. 6 p., L. 4 p.

PALAMÈDE.

61   L'Intérieur d'un appartement hollandais, où sont rassemblés des personnages des deux sexes, dont les uns jouent aux cartes, et les autres s'embrassent et prennent le thé. Sur le premier plan, on remarque un jeune homme richement vêtu, tenant une pipe à la main qu'il offre à une jolie femme, qui de sa main semble repousser la fumée qui l'incommode. Cette composition de 12 figures, en donnant une idée des mœurs hollandaises, réunit toutes les qualités que l'on

désire dans un tableau de genre, et est de la plus parfaite conservation ; il provient aussi de la belle collection du président Oudry. B. H. 10 p. 61., L. 13 p.

POLEMBURG (Corneille).

62   Trois têtes de mort servant d'appui à un jeune enfant endormi. Cet artiste, qui a toujours peint des
sujets aimables, en faisant ce tableau a voulu donner
un exemple de la fragilité humaine. Il est, comme
tous ses ouvrages, d'un fini précieux. Cuivre de forme
ovale, H. 4 p., L. 6 p.

POLEMBURG. (C.)

63   Le Martyre de Saint-Etienne. Il est extraordinaire de trouver de cet artiste des sujets sévères et
des figures dessinées correctement. Près d'un vaste
monument en ruines, Saint Etienne à genoux se ré-
signe à recevoir la palme du martyre, par le sup-
plice que ses bourreaux lui font éprouver. Dans le
haut du tableau, le Sauveur, entouré d'anges et porté
sur des nuages, lui apparaît pour l'encourager à sup-
porter un si pénible traitement. Ce joli Tableau est
un des plus précieux et des plus fins de ce maître, et
prouve qu'il pouvait bien dessiner quand il le voulait.
Il provient d'une collection renommée. B., H. 11 p.,
L. 9 p.

PINAKER (Adam).

64   Le point de vue d'un site de la Flandre, représentant un grand canal couvert de barques, où sont
beaucoup de voyageurs et des animaux. Il est bordé

d'un terrain boisé dont le feuillage est de la touche la plus légère ; des buissons et des barrières occupent le devant de ce bon tableau. B., H. 22 p. , L. 36 p.

REIMBRANDT (Van Ryn).

65   St. Pierre tenant les clefs du Paradis; figure-proportion de nature et vue à mi-corps, la tête en partie chauve , est du plus beau coloris et exprime une méditation profonde. L'éclat de la lumière, et cette magie qui n'appartient qu'à ce grand peintre , font ressortir tous les détails au point que cette figure fait illusion. T. , H. 27 p. , L. 22.

ROGMANS (Roelant).

66   Le Point de vue d'un paysage agreste et sauvage entrecoupé de montagnes escarpées , couronné de fabriques et de cyprès , de chutes d'eau et de masses de rochers , traversé par un chemin où passent des villageois. Ce Tableau, d'une richesse de couleur extraordinaire, est digne de figurer à côté des plus beaux paysages de Reimbrandt. H. 37 p. , L. 48 p.

ROTHNAMER.

67   Le Triomphe de la vérité : sujet allégorique et capital. La Vérité, précédée du temps , est traînée par les Muses ; elle est accompagnée des dieux de l'Olympe ; ce sujet intéressant est d'un coloris éclatant et du plus précieux fini. B. , H. 14 p. , L. 22 p.

RUBENS (Pierre-Paul) et TENIERS (David) le fils.

68 Ce tableau représente le Génie des arts sous la figure d'un jeune homme ayant des ailes et vêtu légèrement : une banderole qui passe sur ses épaules soutient son carquois, et de l'autre main il tient une flèche avec laquelle il désigne les attributs des arts qui sont près de lui, peints par Teniers. Cette figure, de proportion de nature, est presque nue, et donne une grande idée du coloris de ce célèbre peintre : et ce qui rend encore plus intéressante cette production, c'est la réunion des talens de ces deux habiles artistes. Ce tableau paraît être le portrait d'un jeune seigneur qui a commandé ce tableau à Rubens même ; il a été acheté en Hollande il y a 60 ans par M. Desfriches, qui le considérait comme l'un des ornemens de sa collection. H. 56 p., L. 73 p.

RUBENS (Attribué à).

69 Le Christ à la Colonne. Ce morceau paraît être une étude faite par ce grand peintre pour un sujet plus grand et plus capital ; la touche en est franche et le coloris chaud et transparent. B., H. 17 p., L. 12 p.

STELLA.

70 La Vierge tenant l'Enfant-Jésus dans ses bras, et lui donnant à téter : la figure de la Vierge a beaucoup de dignité et de noblesse, et tient beaucoup de la grâce du Corrège. B. diamètre 3 p.

SVANVELT (Herman).

71 Un riche paysage présentant l'aspect d'un site montagneux entrecoupé de grands arbres, de rochers,

de rivières et de vastes prairies ; on distingue dans le lointain des collines surmontées de belles fabriques éclairées par le soleil couchant, qu'aucun nuage n'obscurcit. Plusieurs figures et animaux, d'un style élevé, ornent les premiers plans de ce tableau, du site le plus pittoresque et de la plus grande force de couleur et d'harmonie : il provient de la collection de feu M. Desfriches. T., L. 24 p., H. 17 p.

PAR LE MÊME.

72   Un tableau de forme ronde, offrant un joli petit paysage avec fabriques, et orné de figures et d'animaux : ce petit échantillon de ce maître est touché avec esprit. B., diamètre 6 p.

PAR LE MÊME.

73   La Vue d'un site pittoresque entrecoupé de fabriques, de grands arbres et de chutes d'eau, traversé par une route, où chemine un voyageur ; il est éclairé par un ciel pur ; les devants sont ornés de troncs d'arbres, de broussailles ; et le feuillage des arbres est de la touche la plus légère. Ce tableau est un morceau de choix de cet habile peintre. T., H. 18 p., L. 22 p.

SWICK (THOMAS).

74   Le Portrait d'un chimiste assis dans un fauteuil, et tenant un livre à la main ; il est entouré d'ustensiles de chimie, et paraît méditer une nouvelle découverte : il est rare de rencontrer des portraits de cet artiste. B., H. 7 p., L. 5 p.

SNEYDERS.

75 Une Chasse au sanglier. Dans un paysage agreste
une meute considérable de chiens poursuit un sanglier; plusieurs chiens qu'il a blessés ont déjà éprouvé
qu'il leur vendrait chèrement sa vie. Il est impossible
de rendre ce sujet avec plus de force et d'énergie : la
plupart des ouvrages de ce maître sont des chefs-
d'œuvre qui ornent les palais des souverains. T., H.
62 p., L. 90 p.

SAVERY (ROLAND).

76 L'Intérieur d'un parc où se promènent plusieurs
personnages qui s'acheminent vers le château; à droite
près d'une fontaine, une grande allée se perd dans le
lointain. Ce tableau est d'une couleur fraîche, et bien
touché. B., H. 15 p., L. 18 p.

ÉCOLE DE TERBURG.

77 Une Jeune Femme tenant un vase et offrant un
verre de liqueur à un militaire qui paraît lui faire
une déclaration d'amour.

Ce Tableau est d'une couleur agréable et touché
avec finesse. B., H. 11 p., L. 9 p.

DE LA MÊME ÉCOLE.

78 Plusieurs Personnages, rassemblés dans un estaminet hollandais, s'occupent tranquillement à fumer
leur pipe et à boire. Ce morceau, d'un pinceau moelleux, est aussi d'une grande vérité. T., H. 20 p.,
L. 18 p.

TENIERS le Fils (David).

79 **Le Joueur de Cornemuse. Dans l'intérieur d'un** estaminet trois hommes du peuple sont occupés à jouer aux cartes près d'une cheminée, pendant qu'un bon villageois, assis sur un tonneau, s'amuse à jouer de la cornemuse pour égayer les personnages du cabaret ; près de lui est une cruche destinée sans doute à rafraîchir ce musicien. Ce Tableau, qui peut être mis au rang des chefs-d'œuvre de **D.** Teniers par sa couleur argentine, son bel empâtement et sa touche fine et précieuse, provient du cabinet de feu M. le président Haudry, et ferait honneur aux plus belles galeries.

Par le même.

80 Proserpine aux Enfers, composition capitale d'une multitude de figures. Pluton, après avoir ravi Proserpine à ses compagnes, la conduit dans son royaume infernal, et pour célébrer son arrivée, livre à des furies et à des diables de toutes les formes et de toutes les couleurs une infortunée nouvellement arrivée, pour lui faire souffrir les plus grands tourmens, afin de distraire sa jeune épouse qui paraît plongée dans la tristesse. Cependant des âmes bienfaisantes, témoins de ces affreux supplices, se prosternent aux pieds du souverain des enfers pour obtenir de sa clémence l'adoucissement de si cruelles tortures. Il faut tout le génie de Teniers, à qui aucun genre de talent n'est étranger, pour peindre l'enfer et ses immenses détails avec cette force de couleur et ce génie fécond qui

produisent une illusion complète. Une belle exécution, cette touche hardie et particulière aux ouvrages de ce grand peintre, et le bon goût du dessin de ce chef-d'œuvre, le placent au niveau des plus belles productions de l'art de la peinture. Il provient de la collection Desfriches. T., H. 27, L. 43.

PAR LE MÊME.

81   L'Intérieur d'une Maison rustique offrant sur le devant un paysan grivois caressant une jeune servante d'un bon embonpoint, qui récure un chaudron; ils sont épiés par une vieille femme qui les regarde par la fenêtre, et qui sans doute s'apprête à faire tapage. On distingue sur le second plan, près d'une cheminée, d'autres villageois occupés à boire et à fumer; une brouette remplie de divers légumes, plusieurs vases, et différens autres accessoires forment richesse dans ce tableau agréable, d'un coloris clair et vigoureux, et de la touche la plus précieuse de ce maître. Il provient de feu M. Desfriches. T., H. 17 p., L. 12 p.

TENIERS.

82   Une Réunion de Singes assemblés dans l'intérieur d'une cuisine ; les uns jouent aux cartes, fument, pendant que d'autres tournent la broche. Des vases, des volailles et des verreries touchés avec finesse, ainsi que beaucoup d'autres accessoires, enrichissent ce tableau d'un genre burlesque. T., H. 18 p., L. 24 p.

THIELEN et C. POLEMBURG (VAN.)

83   Autour d'un médaillon, on remarque une guir-

lande de fleurs de diverses espèces, telles que roses, jacinthes, tulipes, pavots, iris, et autres, sur lesquelles voltigent des papillons et des insectes. Le milieu du médaillon représente un satire profitant du sommeil d'une nymphe endormie pour la surprendre.

Les fleurs, les insectes et tous les accessoires sont peints avec la plus grande fraîcheur de coloris et la plus grande vérité. Ce Tableau est cité dans Descamps comme ayant fait partie du cabinet du peintre Campo, qui en faisait le plus grand cas. B., H. 24 p., L. 32 p.

UDEN (Van).

84   Le Point de vue d'un site de la Flandre, traversé par de vastes prairies, de beaux arbres, et une rivière qui serpente jusque dans le lointain et laisse entrevoir un clocher. Le premier plan est orné de plusieurs figures par Teniers ; on y voit aussi un moulin et une barque sans voile. Ce Tableau est touché avec finesse, et devient intéressant par la réunion de ces deux maîtres. B., H. 10 p., L. 14 p.

VOOS (Simon de).

85   Les Sept OEuvres de Miséricorde. Dans le milieu du Tableau, sur le premier plan, on voit une jeune pélerine entourée d'enfans, à qui un jeune garçon présente du vin pour se rafraîchir ; sur un autre plan, un seigneur fait distribuer par son page des aumônes et des vêtemens à des malheureux ; de l'autre côté, des prêtres portent le viatique, font sortir des prisonniers, et se préparent à donner la sépulture. La franchise de la touche et le beau coloris de cette pro-

duction, nous rappellent la belle école de Rubens, et servira à justifier les éloges donnés à cet artiste dans la *Vie des peintres*. (Collection Desfriches.) c., H. 16 p., L. 24 p.

VOUVERMANS (Attribué à Ph.).

86   Ce Tableau représente une charge de cavalerie. Cette couleur brillante et cette touche moelleuse qui distinguent les ouvrages de Ph. Vouvermans, font croire que ce Tableau est des premiers temps de ce maître ; il provient du cabinet de feu M. Desfriches, qui l'a acheté en Hollande comme tel ; ce qui lui a été certifié par beaucoup de connaisseurs. B., H. 11 p., L. 13 p.

VOUVERMANS (P.).

87   Des Vivandières à l'abri d'une tente, où viennent se rafraîchir des militaires avec leurs chevaux, pendant qu'un trompette à cheval sonne le départ. Ce morceau, par son ton chaud et sa touche grasse, se rapproche des ouvrages de Philippe. M. de Bisemont d'Orléans en possède un dessin. B., H. 13 p., L. 9 p.

VANDERVERF (P.).

88   Le Dénicheur d'oiseaux. Près d'un bosquet, au fond duquel est placée une statue, deux jeunes enfans viennent de trouver un nid d'oiseaux et paraissent enchantés de leur découverte ; l'un d'eux a posé son chapeau, orné de plumes, sur une table qui est près d'eux. Ce joli Tableau est du fini le plus précieux, et peut être comparé aux meilleures productions de son

frère Adrien ; les têtes sont pleines d'expressions. **b.**, **h.** 7 p. , **l.** 5 p.

VERGNIAUD.

89 Le Point de vue d'un Port de mer, où l'on remarque sur le devant des pêcheurs occupés à retirer le poisson de leurs filets ; à droite , est une chaumière entourée d'arbres. Ce Tableau est un des meilleurs ouvrages de cet artiste ; les figures sont touchées avec beaucoup d'esprit. **t.** , **h.** 15 p., **l.** 20 p.

XAVERY (François).

90 A l'ombre d'une masse de rochers , un Villageois avec sa compagne s'occupent à tondre un agneau, en gardant un troupeau d'animaux , tels que vaches , moutons et chèvres qui sont dispersés sur une vaste prairie ; des coteaux et des fabriques, éclairés par un ciel chaud et lumineux , s'étendent jusque dans le lointain. Ce Tableau agréable mérite une place distinguée dans le cabinet d'un amateur. (De la collection Desfriches.) **t.** , **h.** 15 p. , **l.** 20 p.

ÉCOLE FRANÇAISE.

BRUANDET.

91 Un Paysage d'une grande étendue indiquant l'entrée d'un bois traversé par un chemin où voyagent des colporteurs chargés de leurs marchandises ; de l'autre côté, un pâtre et une bergère se reposent à l'ombre

de grands arbres en faisant paître leurs vaches et leurs moutons sur un tertre couvert de verdure. Il semble que Bruandet, en faisant ce tableau, ait voulu imiter la force de couleur de Ruysdael, ainsi que la légèreté de son feuiller. Les figures et animaux sont peints par Louterbourg. T., L. 34 p., H., 25 p.

BOURDON (Sébastien.)

92   L'Intérieur d'un corps-de-garde offrant, dans le milieu du tableau, un officier faisant une partie de cartes avec une jeune femme ; sur le second plan on distingue plusieurs militaires attendant les ordres de leur officier, qui se détachent dans la demi-teinte sur l'ouverture d'une porte d'où sort la lumière.

Un clair-obscur de la plus grande magie et une touche fine et précieuse sont les qualités distinctes de ce tableau. C., L. 12 p., H. 10 p.

LE CLÈRE.

93   Dans un lieu mystérieux, près d'une rivière, de jeunes Nymphes se reposent après s'être baignée ; elles sont dégagées de leurs vêtemens. On découvre dans le lointain des fabriques d'un bon style et une rivière bordée de prairies. Ce tableau est très agréable et est un des meilleurs ouvrages de cet artiste. B., L. 13 p., H. 9 p.

DEMARNE (M).

94   Le Point de vue d'un beau site d'Italie où sont dispersés, sur différens plans, les vestiges d'anciens monumens ; sur le devant, on remarque un troupeau d'animaux, tels que vaches, moutons et chèvres, gar-

dés par une jeune bergère, légèrement vêtue, qui, pour se dérober à la chaleur du jour, se baigne dans un étang ombragé par des roseaux, où s'est réfugié un villageois indiscret.

Ce tableau, qui est de la première manière de M. Demarne, prouve combien alors il voyait différemment la nature (qu'il a toujours consultée). т., H. 17 p., L. 20 p.

LEMOYNE (Fʀᴀɴçᴏɪs).

95 Des Nymphes qui avaient assisté à la naissance de Bacchus, présentent ce demi-dieu à la jalouse Junon, qui, à l'aspect de cet enfant, change la rigueur du sort qu'elle lui avait destiné. Il est rare de rencontrer des ouvrages de cet habile peintre d'une petite dimension. Celui-ci est d'un coloris brillant et de la touche la plus gracieuse, et peut figurer avec honneur dans tous les cabinets. в., н. 10 p., L. 9 p.

LENAIN.

96 Sur le devant d'une grande ferme on remarque avec plaisir une jeune fermière de bonne mine, présentant le sein à son jeune enfant, à qui une petite fille présente une grappe de raisin, tandis qu'un garçon de ferme lui apporte une jatte de lait. Un troupeau de vaches, de moutons et de chèvres, vient de sortir de l'étable pour aller aux champs ; des poules, des canards, des pigeons et autres volatiles couvrent la surface du terrain et annoncent l'abondance. Ce tableau, d'un ton clair et brillant, est en même temps un chef-d'œuvre de cet artiste de l'école française. т. н. 15 p., L. 21 p.

PETIT. (M.)

97   **Deux Paysages** d'un site pittoresque , entremêlés de rochers, d'arbrisseaux et de chutes d'eau. Dans l'un, on découvre, sur un plan éloigné, le temple de Vesta, et plusieurs fabriques entourées d'arbres, et dans l'autre, des coteaux couverts de prairies, et un chemin où passent des voyageurs et des animaux. Ces deux tableaux sont du meilleur temps de cet artiste. T., H. 16 p., L. 23 p.

SUÉBACH DES FONTAINES. (M.)

98   **Deux jolis Tableaux** de cet habile peintre représentent des Chocs de cavalerie ; l'un offre un cavalier monté sur un cheval bai-brun, portant un drapeau , se battant contre un fantassin , et l'autre un cuirassier sur un cheval blanc , se battant contre d'autres cavaliers. Ces deux charmans tableaux sont de son meilleur temps : ils sont touchés et colorés comme P. Vouvermans ; il serait à désirer que l'auteur se rappelât quelquefois cette manière de peindre. B., H. 7 p., L. 9 p.

SUAGERS. (M.)

99   **La Vue** d'un site de la Hollande , présentant une Vue de la Meuse près l'embouchure de la mer , où sont plusieurs barques de pêcheurs ; à droite est un monticule couvert de verdure , sur laquelle se reposent des villageois faisant paître des vaches. Ce tableau est un des meilleurs qui soient sortis du pinceau de

M. Suagers; il est éclatant de couleur. т., н. 24 p., L. 3o p.

VERNET. (J.)

100   Le Point de vue d'un paysage entremêlé de beaux arbres, de rochers et d'une rivière formant cascades, où l'on voit sur le devant un pêcheur s'occupant à ramasser les poissons qu'il vient de prendre; sur la rive opposée un autre pêcheur, en retirant son filet de l'eau, cause avec une jeune femme qui porte sur sa tête un paquet d'herbes.

Ce tableau est fait largement et avec facilité. т., н. 27 p., L. 38 p.

101   Les Tableaux omis se vendront sous ce numéro.

GOUACHES, AQUARELLES ET DESSINS.

BELLANGER.

102   Aquerelle représentant la Vue de Saint-Cloud et du Calvaire, etc.

BLOEMAERS.

103   Ce dessin représente une Vierge.

BLYSOOFT.

104   Dessin représentant un Paysage, dans lequel sont deux Personnages des deux sexes qui se disposent à partir pour la chasse.

BOUTH (Pierre).

105   Dessin représentant une Marche de Caravane, provenant de la vente de Bèze, du 16 janvier 1786, sous

le n°. 101 du Catalogue, d'où il a passé dans la collection Haudry.

BRIZIO.

106   Dessin, étude de deux Femmes nues.

BRONKORTS (J.).

107   Ce charmant dessin sur vélin représente un Paysage et une Ferme, au-devant de laquelle plusieurs volailles cherchent leur nourriture. Il provient de la collection Haudry, après avoir appartenu à celle Neuman, où il fut vendu sous le n°. 146 du Catalogue.

BREUGHELS DE VELOURS.

108   Ce dessin représentant un Paysage rustique, dans lequel St. Jérôme est en méditation; il provient de la vente Saint-Maurice, du 6 mai 1786, sous le n°. 449 du Catalogue, d'où il a passé dans le cabinet du président Haudry.

BRUANDET.

109   Gouache représentant un Paysage.

CARRACHE (Annibal).

110   Dessin au bistre, rehaussé de blanc, représentant le Triomphe de Silène. Ce beau morceau provient de la vente Lebrun.

Par le même.

111   Une Allégorie. Composition de trois figures.

CHATELET.

112   Aquarelle représentant une Vue des Restes de l'antique Agrigente.

Par le même.

113 Aquarelle représentant une Vue de l'Etna et des Ruines antiques.

CIGOLI.

114 Une Assemblée des Docteurs de la loi. Composition capitale.

DEMARNES (M.)

115 Dessin représentant un Paysage.

116 Autre dessin représentant un Paysage.

DESFRICHES, *Amateur et Dessinateur d'Orléans.*

117 Dessin au crayon et à l'encre de la Chine, représentant un Paysage avec fabriques, figures, animaux, etc. Ce dessin devient précieux pour les acquéreurs des Tableaux qui ont fait partie de sa collection.

DIETRICY (P. Ernest).

118 Dessin représentant un Paysage, une Chaumière, des Ermites, etc., provenant de la vente Mariette du 6 novembre 1775, sous le n°. 885 du Catalogue, d'où il a passé dans la collection Haudry.

DRAONET.

119 Gouache représentant la Vue d'un Temple antique, et d'autres monumens.

Par le même.

120 Aquarelle représentant la Vue de l'Arc de Septime Sévère.

BERTAUX (DUPLESSIS).

121   Dessin à la mine de plomb, représentant la Bataille de Hohelinden.

FRAGONARD (HONORÉ).

122   Un Paysage où l'on voit un Bouvier conduisant des bœufs, etc. Ce dessin provient de la vente du marquis de Namur, et ensuite de celle de Lebrun.

PAR LE MÊME.

123   Dessin représentant un Bœuf dans une Étable, et près de lui est un chien. Ce morceau renommé provient de la vente Aubert, du 4 mars 1786, sous le n°. 97 du Catalogue, d'où il a passé dans le cabinet du président Haudry.

GADEBOIS.

124   Aquarelle représentant la Vue de la ville et environs de Lagny.

LAIRESSE (GÉRARD DE).

125   Dessin au crayon rouge, représentant un Sujet d'histoire.

GREUSE (J.-B.)

126   Dans ce dessin le peintre s'est représenté recevant le bon jour affectueux d'une jeune personne.

GUERCHIN (LE).

127   Dessin au bistre, représentant la Peinture. Il provient de la vente du marquis de Namur, du 29 décembre 1789, sous le n°. 36 du Catalogue, d'où il

a passé dans le cabinet du président Haudry. Ce dessin, très estimé des amateurs, a été gravé dans la même manière par M. Denon.

PAR LE MÊME.

128   Dessin au crayon rouge, représentant la Tête d'un Jeune Homme. Il provient de la vente Mariette, du 6 novembre 1775, sous le n°. 157 du Catalogue, d'où il a passé dans le cabinet du président Haudry.

LANGEVIN.

129   Gouache représentant un Paysage, eau et fabriques, etc.

MICHAUD.

130   Marine.

131   Autre Marine, faisant pendant à la première.

NICOLE.

132   Vue du Reste du Temple de la Concorde, à Rome.

133   Vue de la Place de Saint Pantaléon, à Rome.

PANINI (PAUL).

134 et 135. Aquarelles, Dessins d'architecture antique, des plus beaux qu'on ait vus de Panini; ils proviennent de la vente du marquis de Marigni, du 6 avril 1782, sous le n°. 30 du Catalogue, où ils furent vendus 499 fr. à M. le président Haudry.

PILLEMENT.

136   Très joli Paysage de forme ronde.

(49)

POUSSIN (Nicolas).

137   Ce dessin représente St. Charles prêt à être mis au
tombeau , et entouré des Saintes Femmes.

ROOSE (d'Italie).

138   Dessin au bistre , représentant un Paysage , des
Bœufs et autres animaux ; il provient de la vente Mariette du 6 novembre 1775 , sous le n°. 788 du Catalogue , d'où il a passé dans le cabinet du président
Haudry.

RUBENS (P. P.).

139   Etude à la gouache , représentant des Broussailles
et Troncs d'arbres , provenant de la vente Mariette ,
sous le n°. 997 du Catalogue , et ensuite du cabinet du
président Haudry.

Par le même.

140   Ce dessin au crayon représente des Etudes de têtes
qui se retrouvent fréquemment dans les diverses com-
positions du maître.

SALVIATI (Joseph PORTA dit).

141   Dessin rehaussé au blanc , représentant la Circon-
cision , et plus bas l'Horoscope du Sauveur , qui est
reconnue par les Docteurs dans les livres saints. Ce
morceau , qui a appartenu à Rubens , a été restauré
par lui dans la partie gauche ; il provient de la vente
Mariette , sous le n°. 616 du Catalogue , et y fut
acheté par le président Haudry, du cabinet duquel il a
fait partie.

TAUNAI.

142   Dessin représentant un Homme à cheval dans un paysage.

143   Autre dessin représentant une Cavalcade de plusieurs femmes.

WATELET.

144   Dessin représentant un Paysage.

VERNET (Joseph).

145   Dessin, Etude de Ruines.

VERSCHURING (Henri).

146   Dessin représentant un Choc de cavalerie, provenant de la vente de Wille, du 13 décembre 1784, d'où il a passé dans le cabinet du président Haudry.

WITT (Joseph de).

147   Dessin représentant un bas-relief de quatre Enfans jouant, provenant de la vente Nieman, du 11 juillet 1776, sous le n°. 220 du Catalogue, d'où il a passé dans la collection du président Haudry.

WISCHER.

148   Très joli Portrait à l'encre de la Chine.

Par le même.

149   Très joli Portrait au crayon noir et à l'encre de la Chine.

VOLTERANNO dit FRANCESCHINI.

150   Dessin représentant une Sainte ayant près d'elle une

couronne, et à laquelle la Vierge, tenant l'Enfant-Jésus, apparaît. Ce morceau provient du cabinet de Desfriches.

ZUCCARO (Fred).

151   Dessin au bistre, représentant un Chasseur.

151 *bis*. Deux Gouaches de l'Ecole Flamande.

152   Vue de fabriques, moulins, etc.

153   Scène de voleurs au défilé de hautes montagnes.

GRAVURES.

154   Mars et Vénus, de Marc-Antoine.

155   La Tempête et le Cocher, belle épreuve de Woolett, d'après Wrigt.

156   Les Bergères, belle épreuve de Zingg, d'après Diétrici.

157   Loth et ses Filles, superbe épreuve avant la lettre, et les contre-tailles au fond, par Van Uliett, d'après Rembrandt.

158   Entrée d'Alexandre dans Babylone ;

159   L'Académie des Sciences; superbes épreuves avec les remarques de Séb. Leclerc, et d'après lui.

160   La Sainte Famille, belle épreuve de Sadeler, d'après Albert Durer.

161   Apollon récompense le mérite, de Strange, d'après Andrea Sacchi.

162   La Libéralité et la Modestie, d'après le Gnide ;
belles épreuves par Strange.

163   La Toilette de Vénus, belle épreuve de Strange,
d'après Le Gnide.

164   La Mort de Marc-Antoine, de Wille, d'après
Pompeo Battoni. — Pour être vendu avec le tableau
original.

165   L'Amour façonnant son arc, épreuve avant la
lettre, de V. Steen, d'après Corrège.

166   Enlèvement de Ganimède, épreuve avant la lettre,
de V. Steen, d'après Corrège.

167   Tentation de Saint Antoine, de Callot, d'après
lui-même.

168   Enlèvement de Diane par Endimion, date 1546,
belle épreuve du Mantuan, d'après Lucas Penni.

169   L'Écrivain public, superbe eau-forte avant la lettre,
de Bossieu.

170   Paysage Historique, belle épreuve de Woolett,
d'après Ann. Carrache.

171   Pyrame et Thisbé, belle épreuve de Callot, d'après
Bramer.

172   La Tempête.

173   Les Baigneuses.

174   Le Calme.
      Belles épreuves de souscription de Baléchou,
d'après J. Vernet.

175   Combat de quatre cavaliers, bonne épreuve d'Ede-
linck, d'après Léonard de Vinci.

176   Le Sanglier d'Athalante, superbe épreuve de Corn.
Bloemaers, d'après Rubens.

177   Massacre des Innocens, magnifique épreuve de Paul
Pontius, d'après Rubens.

178   Samuel et Élie, épreuve avant la lettre, par Green,
d'après Copley.

179   Daniel dans la fosse aux lions, magnifique épreuve
de Van Leuw, d'après Rubens.

180   Repas de J.-C. chez Simon, épreuve avant la
lettre, d'après Rubens.

181   Fleurs.

182   *Idem*, pendant.

    Epreuves avant la lettre d'Earlom, d'après Van
Huysum.

183   L'instruction paternelle, épreuve avant la lettre,
par Wille, d'après Terburg.

184   La Vierge au Linge, épreuve avant la contre-taille
sur le linge, par Poilli, d'après Raphaël.

185   Les Musiciens ambulans.

186   Les offres réciproques.

    Magnifiques épreuves avant la lettre, par Wille,
d'après Diétrich.

SCULPTURES ET CURIOSITÉS.

TERRES CUITES.

187   Muse de Callamare.

188   Cerès, d'après l'Antique, de Boizot. Ce morceau est très remarquable par la légèreté des draperies.

BRONZES.

189   L'Apollon antique, par le Pautre, sur socle en bois de rose et garnitures en cuivre cizelé et doré.

190   Vénus, dite aux belles fesses, avec son socle en marbre.

191   Bronze antique. Faune portant une grappe de raisin, socle en bois.

192   Bronze antique. Jupiter foudroyant, socle en bois.

193   Bronze doré. Saturne, socle en marbre.

194   Bronze antique. Buste de femme, socle en bois.

195   Déesse, socle en marbre.

196   Déesse, avec son socle en marbre.

197   Figure consulaire, socle en marbre.

198   Vache, socle en bois.

199   Buste de Grétry, par Romagnésy.

200   Médaillon argenté. Une dame se promenant dans une allée.

201   Buveurs, Fumeurs, etc. (Médaillon).

202   Fête de Bacchus.

203   Cuivre. Jésus-Christ portant sa croix, petit bas-
relief.

204   Jésus-Christ mis au tombeau, petit bas-relief.

205   Trois Médaillons dorés, représentant Henri IV et
Marie de Médicis.

206   L'Amour dormant, socle en marbre.

207   Bronze doré. Joueur de cornemuse, socle en marbre.

208   Cygne, socle en marbre.

209   Bronze doré. Tête d'Alexandre, socle en marbre.

210   Divinité de l'Inde, socle en marbre.

211   Divinité de l'Inde, socle en marbre.

212   Divinité de l'Inde, socle en marbre.

213   Divinité de l'Inde, socle en marbre.

214   Divinité de l'Inde, socle en marbre.

215   Divinité de l'Inde, socle en marbre.

216   Divinité de l'Inde, socle en marbre.

217   Divinité de l'Inde, socle en marbre.

218   Divinité de l'Inde, socle en marbre.

219   Divinité de l'Inde, socle en marbre.

220   Divinité de l'Inde, socle en marbre.

221   Divinité de l'Inde, socle en marbre.

222   Divinité de l'Inde, socle en marbre.

MARBRES ET ALBATRES, ET TERRE DE CHINE.

223   Marbre blanc. — Enfant qui tient un oiseau, par
Bridan père.

224   Caillou sur lequel le Portrait de Louis XV est
sculpté avec encadrement en cuivre et étui.

225   Marbre. — Buste de vieille Femme.

226   Marbre rouge.—Figure d'Isis sur gaîne.

227   *Idem.*   — Son Pendant.

228   Bas - relief avec cadre en bois noir, représentant des Jeux d'Enfans, par François Flamand.

229   Autre Bas-relief du même, formant pendant.

230   Colonne d'albâtre antique.

231   *Idem.*   *Idem.*

232   Albâtre.—Madeleine.

233   Divinité Indienne.

234   *Idem.   Idem.*

235   Empereur Chinois.

236   Chinois tenant un Tonneau.

237   Chinois tenant une Bouteille.

IVOIRES.

238   Bas-Relief. — Paysage chinois.

239   Etui avec figure de Pallas, renfermant deux Couteaux de Damas.

240   Petit Médaillon représentant la Visitation.

241   Etui avec figures sculptées.

242   Corne d'abondance sculptée, avec figures.

243   Tabatière avec charnière et figures.

244   Boîte ovale avec figures.

245   Boîte carrée avec figures.

246   Bonbonnière, avec figures.

247   Médaillon représentant des Baigneuses.

248   Un Bas-Relief représentant Vénus servie par deux Amours.

249   Eléphans.

250   Vierge (sans socle).

251   Vieille Femme appuyée sur un bâton (socle en marbre).

252   L'Amour régnant sur tout le monde (socle en marbre).

253   Vénus (socle en marbre).

254   Pallas (socle en marbre).

255   Sainte en extase (socle en marbre).

256   L'Arracheuse d'épines (socle en marbre).

257   L'Arracheur d'épines (socle en marbre).

258   Figure étendue sur un tombeau.

PORCELAINES ET ÉMAUX.

259   Porcelaine de vieux Sèvre, composée d'un plateau, tasses et sucrier, et son couvercle, peinte en camayeux.

260   Porcelaine de Saxe, boîte à charnières, avec peinture.

261   Porcelaine de la Chine. Vase antique, monté sur cuivre doré, à fleurs.

262   Porcelaine de la Chine. Vase antique, monté sur cuivre doré.

263   Porcelaine de la Chine. Vase sur des fleurs.

264   Vieillard tenant une bouteille.

265   Porcelaine du Japon. Vase de forme antique.

266   Oiseau ayant socle doré.

267   *Idem.*   *Idem.*

268   Mandarin chinois.

269   *Idem.*   *Idem.*

270 Dame chinoise avec ses deux enfans.
271 Email de Limoges. Figure de la Vierge.
272   *Idem.*   Figure de Jésus-Christ.
273   *Idem.*   Figure du Sauveur.
274 Email. Vase supporté par trois lions, ayant socle doré.

BOIS SCULPTÉS ET LAQUES.

275 Boîte en bois sculpté, fermant à clef.
276 Ebène. Figure d'Indien accroupi.
277 Bois. La Prudence.
278 Racine de Madragore.
279   *Idem.*
280   *Idem.*
281 Laque. Une boîte à jouer.
282 Laque. Un Plateau.
283 Laque. Etui.
284 Laque de la Chine. Tasse et Soucoupe.

MEUBLES ANTIQUES.

285 Meuble à deux corps en écaille encadrée, en ébène avec garniture, en cuivre doré. Il est supporté par six pieds, dont quatre à console. Le corps inférieur est à jour; celui supérieur est à chapelle et à tiroir. La chapelle présente des peintures d'un bon goût, et paraît avoir été destinée à être reliquaire; ses ornemens sont en vermeil, et les fleurs-de-lys de l'ancienne forme; les portes de la chapelle sont richement décorées de figures ailées en bronze doré : l'ordre d'architecture annonce la renaissance du bon goût.

Ce meuble très précieux ornait l'hôtel que Diane de Poitiers avait à Orléans, et qui subsiste encore.

286   Meuble de Boule formant bibliothèque à corniche et à panneaux ouvrans ; il est plaqué en écaille, avec divers dessins des plus riches en cuivre incrusté.

287   Meuble de Boule avec table en marbre Portor, supporté par quatre pieds à console ; le tout richement garni de bronzes dorés.

BURGAUS ET COQUILLES DE NACRE.

288   Une Tabatière en Burgau garnie en vermeil.

289   Coquille de   encadrée et sculptée, représentant le Jugement de Midas.

290   Coquille de   encadrée et sculptée, représentant une Fête de Bacchus.

291   Mosaïque sur cuivre, représentant un Perroquet sur une branche.

292   *Idem* sur cuivre représentant un Oiseau.

293   *Idem. Idem. Idem. Idem.*

294   *Idem. Idem. Idem. Idem.*

295   Tous les articles omis seront vendus sous ce numéro.

Imprimerie ANTHᵉ. BOUCHER, rue des Bons-Enfans, n°. 34.

www.ingramcontent.com/pod-product-compliance
Lightning Source LLC
LaVergne TN
LVHW021807170726
843503LV00007B/3072